JN409867

낙조와 풀꽃의 무채색 풍경

국립중앙도서관 출판시도서목록(CIP)

낙조와 풀꽃의 무채색 풍경 : 김강석 시집 / 글쓴이: 김강석
— 서울 : 북랜드, 2017
p.112 ; 130×210cm
ISBN 978-89-7787-702-3 03810 : ₩10000
한국 현대시[韓國現代詩]
한국 현대 문학[韓國現代文學]

811.7-KDC6
895.715-DDC23 CIP2017007042

김강석 시집

낙조와 풀꽃의 무채색 풍경

인쇄| 2017년 3월 25일
발행| 2017년 3월 30일

글쓴이|김강석
펴낸이|장호병
펴낸곳|북랜드
06252 서울 강남구 역삼동 832-7 황화빌딩 1108호
대표전화 (02) 732-4574 | (053) 252-9114
팩시밀리 (02) 734-4574 | (053) 252-9334

등록일| 1999년 11월 11일
등록번호| 제13-615호
홈페이지| www.bookland.co.kr
이-메일| bookland@hanmail.net

책임편집| 김인옥
교 열| 배성숙
영 업| 최성진

ISBN 978-89-7787-702-3 03810

값 10,000 원

김강석 시집

낙조와 풀꽃의 무채색 풍경

북랜드

■ 시인의 말

삶은 리얼하다.
한겨울
꽁꽁 얼었던 두꺼운 얼음 밑에서
늘 마지막처럼 달려온
세월이었지만
시 쓰는 일도
잊었던 나를 찾는 의미였을까
나의 숲을 찾아가는 시,
삶의 리얼
시 속에 녹아나는 고통 앞에
볕이 스며든다.

2017년 2월

차례

■ 시인의 말 … 5

1 바람의 벽

관심 — 12
반딧불이 — 13
풀꽃 — 14
헷갈리네 — 15
동동動動 — 16
나는 슬픔이 왜 슬픔인지 몰랐다 — 18
낙조落照 — 20
바람의 벽 — 21
도망 — 22
들리나요 — 23
미친 물고기 — 24
말라버린 새똥은 지워지지 않는다 — 26
비상등 — 27
벼랑 — 28
어깨에 기대어 — 30

2 너 껴안은 달

아름답지도 슬프지도 — 32
창밖, 비 내리는 풍경 — 33
보일락 말락 — 34
시간의 무게 — 35
너 껴안은 달 — 36
별똥별 — 38
집행유예 — 39
시시한 것들 — 40
동녘의 나무 — 41
아무리 작은 꽃도 별을 본 적 있다 — 42
종이비행기 — 43
PR — 44
눈이 동그래졌다 — 45
촉감 — 46
철쭉 — 48

3 비밀의 기원

누군가에게 보내는 편지 __ 50
가끔 우는 민들레 __ 51
달맞이꽃 __ 52
금기의 선율 __ 53
고백 __ 54
거짓말 __ 55
습지보호구역 __ 56
드로잉素描 __ 57
비밀의 기원 __ 58
찬 서리가 내린 꽃이 아름답다 __ 59
비 __ 60
등대 __ 61
손수건 __ 62
백조의 언어 __ 63
파리 __ 64
훔쳐보는 중 __ 65

4 아버지라는 별명

흉터 __ 68
똑똑한 바보 __ 69
빨간 목도리 __ 70
비늘 __ 71
아버지라는 별명 __ 72
어그러진 일상 __ 73
사랑이별의 역설 __ 74
추억하고 싶은 너에게 __ 76
해외 도피 __ 77
화해 __ 78
아직도 그 자리에 있을까 __ 79
소멸, 끝으로 __ 80
껌 __ 81
찬밥 __ 82
몸무게 __ 84

■ 해설 | 서종택
무채색 풍경의 재해석 … 88

1

바람의 벽

관심

헌 고무신 한 짝 가지런히 놓여있다.
밤을 벗기고 또 벗겨낸 상처, 스크래치들
탐닉이 끝난 빛바랜 고요가 흐른다.
고행의 길 걸어온 너덜너덜해진 육체처럼
꼭 섬겨야 할 것도 많았을 텐데.

반딧불이

수면에 비친 나비처럼 나라 밖 떠돌던 반딧불이
주문을 외워 내려앉은 겨울의 초입,
자전거 페달에 발이 끼여 넘어진 사람
투명한 창문에 반사된 빛으로 시력 잃은 사람
분노하고 들끓어 올라 뭣이 창피한지
눈길 둘 데 없는 사람
어르고 달래는 반짝임으로 어둠의 상처를 풀어 냈다
본능의 사슬을 이은 아버지가 허겁지겁 아이를 등에 업고
술 익듯 마음의 길 드러낼 때
제 몸의 끝자락을 즐기고 있다.

풀꽃

아파트 옹벽 밑, 신의 영역에 풀꽃 하나 피었다.

뚱뚱해서 주눅 든 여자는 온몸의 무게로 난간에 올라 그 눈빛 닮은 풀꽃의 일생에 몰입한다.

세상은 갈수록 좁고 얇아지는 것에 날개를 세우고 있었다.

엄밀히 말해 현실의 벽을 넘기 힘들어 신음하고 있는 여자는 풀꽃 같기도 했다.

존재의 고민은 깊다.

발바닥의 고통은 버려야 가벼워지는 것인데 버틸만한 이유도 있다.

흐린 하늘 뒤에 맑은 하늘이 있고 달콤하면 고소함도 있는 법, 가냘픈 꽃에 외로움을 못 견뎌서 기억을 모두 내려놓은 여자는 뚱뚱하기도 하다.

가슴 먹먹한 사랑을 위해 풀꽃 하나 피었다.

헷갈리네

집값도 땅값도 올랐는데
유난히 해가 짧은 산골 마을 언덕 넘는
고독한 예수는 손에 잡히지 않는다.
자존심도 없고 헤픈, 그럴지도 모른다고
밖에 나가 담배 한 대 물어도
좁혀지지 않는 방향.

동동動動

그리움 빚어
꽃 피우듯 품었고
입 안, 사탕처럼 달고 달아
동
동
동
희미한 북소리에 기대어
길 잃지 않고
여기까지 돌아올 수 있었던 거다

한 입이라도
더 채우지 못한 사랑은
동
동
동
정신 혼미할 정도로 요동치며
붉은 석양 능선의

마음 올리는
한 방울 눈물로 액화되어

물속 투영하는
눈썹 고운 누군가를
빨아들이고 있다
동
동
동
경이로운 미스터리다.

나는 슬픔이 왜 슬픔인지 몰랐다

12층 아파트 베란다의 창을 활짝 열어젖힌 나는 슬픔에 깔려있다.

나무에 매달린 감은 발갛게 익어가고 있는데 얼어붙은 마음은 빙하기 같다.

슬픔이 왜 슬픔인지 바람에 흐느끼는 억새를 보면 슬픔은 한 곳에서 오지 않는다.

슬픔 앞에 납작 엎드린 평범한 것들은 '사지마비'된 나비처럼 눈에 초점도 잃었다.

빗진 일 많아서 갈수록 왜소하고 측은해지고 있다. 착각에 빠진 것은 아닐까?

하늘처럼 받들었던 설렘을 떠올리며 슬픔의 수레를 끌고 가는 나는 슬픔이 왜 슬픔인지 몰랐다.

혼자다. 모든 사람은 혼자다, 혼자여서 슬프다.

왜 슬픈지 모르는 슬픔이 운동 없는 정지 상태의 초월적 삶을 그리워하는 날.

언제나 그 자리에 내가 보인다.

낙조落照

은빛 물살 희석되는
술상 아래
소주병이 줄을 서면
걸머지고 가던
바람도 내려놓는다.

바람의 벽

다 부숴 버릴 것 같던 슬픔 곁으로 흉터가 남았다.

뭉개진 꽃밭의 눈물 배어든 상처는 바람이 품은 공간에 잠겨 있다.

연약한 몸짓의 변화는 섬세하다. 가장 아름답고 행복한 순간
외롭게 떠나는 바람 느끼고 싶다.

상처는 몸으로 막아서는 것이다. 손톱에 긁힌 상처도 몸으로 막아서는 것이다.

바람이 품은 공간, 그 벽에서 사랑할 수밖에 없는 흉터 남았다.

도망

도망가고 싶다. 때론 男子의 삶을 거부하고 도망치고 싶다. 얼지 않은 숨구멍을 중심으로 더디게 꽃이 피었다 지더라도 발자국은 선명하다. 절 마당 계단 끝인 여기까지 오는 동안 하얀 가면을 벗고 수없이 도망치고 싶었다.

현실도피, 보이지 않는 내가 담장 너머를 바라보기 때문이다. 안개가 고즈넉이 내려앉은 강가에 숨죽인 나무 한그루 목이 마른다.

들리나요

추억이 드리워진 창窓가, 그리움 가득한 메모지들이 발산하는 은밀한 언어는 상처가 될까 걱정인데 중천에 퍼진 햇살이 커튼 틈새를 비집고 불안한 시간이 흐르는 침실로 스며들었다.

목마름인가

마모 한계선이 지난 헌 타이어 하나가 버려져 있다. 삶의 무게가 사라지는 것은 버리는 것인데, 비명을 삼키고 지탱해 온 삶이 처참하다. 내다버려진 기억에서 굵은 눈물을 토해내듯 한기 머금은 찬바람에 호흡마저 희뿌연 스모그에 덮여 있다.

몸부림인가

그리움은 내게만 오는 것이 아니다. 장작으로 쓰일 참나무를 토막 낸다. 절규의 목소리가 하늘을 찌르고 있다.

미친 물고기

잠든 공주 깨우는
미친 물고기

빗길에 머리띠 묶고
오줌 질기며

낯선 땅에
길 잃고 날아들었다

한눈팔다
길들일 수 없는 절망은

멈춤이 아니라
더 깊은 곳을 내려가고

살갗 벗겨지며
결코 도달할 수 없는 지점

푸나닥푸나닥
발버둥 쳐도 가늠할 수 없다

그곳을 향해
미치면 기억하는 수수께끼

예측 불가능한
물고기 내 안에 있다.

말라버린 새똥은 지워지지 않는다

자동차 유리에 말라붙은
새똥 자국이 남았다
벌레 먹은 배춧잎을
통째로 홀라당 벗겨내듯
새로운 것 보고 싶은데
질기고 질긴 똥의 흔적,
오갈 데 없는 길고양이처럼
멈춰 있다
긁고 벗기고 미라의 기억을
더듬고 있다
한 몸 지키고 앉아
한 푼 아쉬웠던
옛 허물 돌아보고 있다
녹슬지 않은 지난 시간
말라버린 새똥은
지워지지 않는다.

비상등

더 이상 내려갈 길이 없다면
이미 어둠은 시작된 거야
그림의 바탕색이 흰색이 아닐 가능성은
심리적 마지노선,
굳어버린 혈관의 살점 깨어져
사방 흩어지고 박혔다
어둠의 아들을 품으며
눈빛은 거짓말을 못한다.

벼랑

끝
보이지 않는
잡히지도 않는
끝

열쇠를 잃어버렸나

벽돌이 떨어지고
유리창이 깨지고
구름 잔뜩 끼어 있고
한뎃잠 자며
기억나지 않는 지루함
탕탕 밀려들면

구렁텅이
끝
가지 말아야지

>

물 한 바가지 덮어쓴
잠자리처럼
몸 비틀어 둥둥 떠다니는
가슴
달라붙은 여자.

어깨에 기대어

겨울 깊어지기 전 동촌 강변. 볼 빨간 그림자가 촉촉이 목덜미에 묻힌다.

나뭇가지 꺾어 물속 던지며 줄지어 앉은 사람들 사이의 한낮 볕은 뜨거운데 허공에 들끓는 아쉬움은 높다랗다.

노래 속 '봄비'처럼 내 목소리 강물에 잠기어 잊힐 무렵, 하얀 구름 너울 덮어쓴 그대 어깨에 기대어 있으면 우리 흘려보낸 시간이 거꾸로 타오르는 모습은 괜히 기분이 좋다.

그대 어깨에 기대여 흰 구름 길 위의 나라, 오래오래 뿌리 내리는 혼돈 속으로 추억을 밀어 넣고 있다.

2

너 껴안은 달

아름답지도 슬프지도

기와 밑으로 낮게 가라앉은 겨울을 흔들어 깨우며
창문 틈에 머문 아름답지도 슬프지도 않는 질투에
눈 먼, 중저음의 사랑이 달달하다.

창밖, 비 내리는 풍경

넓은 세상에 초록 피를 뿌리고 있다. 도시 벽면에는 구름이 붙고 생리月經 중인 하늘은 나이 들어 천천히 걸어도 되는 아스팔트 길 위에서 발걸음이 빨라졌다. 몇 사람 되지도 않는 버스 창밖의 벚꽃나무는 마지막 남은 속옷을 벗어버렸다.

꽤 가파른 언덕길, 숨이 찬 엔진소리에 잠 깬 아기는 거침없이 울어대고 차가운 빗방울은 황금빛 가득 품은 커다란 나무에 매달려 강렬히 타올랐다. 밋밋한 건물의 표면에는 현실과 마주한 누군가의 몸부림을 가라앉히고 있었다.

내 마음 있는 곳, 누군가를 감싸 안을 수 있게 넓은 세상 창밖으로 그리운 비가 내리고 있다.

보일락 말락

수면 아래 자맥질하는
어머니 눈빛

작두날처럼 섬뜩한 눈물,
보일락 말락

석회암 동굴
종유석이 풀어내는 천년 한恨이었나?

시간의 무게

어느 날
구두 밑창이 닳아 문드러져 있다
어깨 위 목말을 태우고 온
응징이다
시간이 흐를수록
허벅지 근육은 얇어져 한창 때의
상처를 받아내기 어렵다
무얼 향해 이토록 달려왔던 걸까
시간이 흐를수록
뽀얗게 분 바른 아내가
캄캄한 밤 밝혀줄 것인지
시간의 무게
무겁다.

너 껴안은 달

손 내밀면
늘 만날 수 있었던 사람
민들레 홀씨 되어 날아갔다

굴레 벗은 몸도 마음도
나비의 날갯짓으로
춤출 수 있으리라

너 껴안은 달

물방울 머금은
수면 위로 오래된 옛 모습
한 조각 한 조각
내려놓으며 행복해지고

망각 속 밀어 넣었던
두꺼운 성벽에 눈물 어린

그리움 다시 세우고 있었다

어디로 가는 길인지
밝은 눈으로
고향 가는 길이리라.

별똥별

홀로 죽은 나무 외롭지 않게
감출 수 없는 그 사람의 상처는 아팠다

그대로를 감싸 안은 채
명주옷 입고 천년 나락으로 떨어지는
영혼.

집행유예

누굴 믿고
겨울을 날 수 있을까
독감 예방주사도 없이
덜컥 겨울이 왔다
당신과 마주하며
엉뚱한 데 정신을 팔았던
비에 젖은 꽃잎은
눈물의 별이 되고
꺼내보지도 못한 장갑을 보면
깊은 잠 이룰 수가 없는데
그렇게 겨울의 막이 올랐다
거짓말 같은.

시시한 것들

청승맞다. 은빛 물들어 가는 억새 바라보며 천원짜리 김밥 한 줄로 끼니를 때웠다.

흰 꽃들 사이 맑은 하늘 가득 차 있는데 아슬아슬 미니스커트 입은 아가씨는 삐뚤삐뚤 생긴 그림자 만지작거린다.

꿀잠 쉼표
여유 커피

민둥산에 돌과 흙이 떨어져 나가듯 나이 들어 낙엽처럼 머리카락 툭툭 떨어지면 측은하더라. 가을엔 쓸쓸함이 깊이 번져 아프게 했던 것을 참회한다. 마주 보는 듯 외딴 곳을 바라보는 그 女子의 시선은 정도 없고 사랑도 없더라.

초등학교 3학년
그놈이 반기는 유행을 따라갈까. 허물어진 흙더미를 밟고 붉은 노을 뚜렷해진다.

동녘의 나무

나무 한 그루 없는 고랭지 채소밭에 새들이 날아올랐다.

나무는 산을 닮고 새는 나무를 닮은 평범한 것들이 세월 흐른 지금
천상 세계가 부럽지 않을 그토록 아름다운 화음이었던 것을,

메마른 흙더미를 뚫고 비장함으로 고개를 끄집어 올리는
이름 없는 풀꽃이 삶의 눈물이 마르지 않는 한 씨앗을 뿌리며,

지나온 길을 이어 붙일까
어린 풀잎 하나, 열대저압부로 소멸된 태풍을 피해 꼿꼿이 부활하는 건지

갑자기 동녘의 토심이 강해지고 있다.

아무리 작은 꽃도 별을 본 적 있다

공기 입자만큼 난치병을 갖고 태어난 꽃,
손 뻗으면 향기가 자욱한데

활활 타는데
어금니 깨물고 지붕 아래 숨어버린다

아무리 작은 꽃도 별을 본 적 있다
아무리 작은 꽃도 하늘 본 적 있다

밤안개에 녹아든 맨얼굴에
한 발짝씩 야금야금 눈 가리면
가으내 그 누가 절박하게 흔들렸을 것을.

종이비행기

눈을 감으면 비상의 꿈에 빠져 든다.
하찮게 널브러진 돌멩이의 표면에 낮을 대로 낮아진 바람이 스치면
산비탈 오솔길 콧물 질질 흘리며 걸었던 초등학교 등굣길
드높았던 꿈, 도란도란 꽃이 피더라.
아들놈이랑 창窓밖에 종이비행기를 날리며 잃어버린 나를 찾고 싶다
나를 찾고 싶다.

PR

맥박이 뛰고 흘러넘쳐 얼어 죽지 않은 삶은 진정한 자유일까
말로 표현되지 않는 초록 허공 속으로 봄은 입질을 시작했다
키 작은 들꽃이 향기로 빛깔로 소리로 속삭이듯 변함없는 그녀는
푸른 이끼 소복이 덮인 돌덩이 넘고 샐샐 웃는 노랑머리로 돌아왔다

이곳에선 첫사랑의 기억, 노란 깃발을 들고 퍼포먼스를 벌인다.

눈이 동그래졌다

비둘기 똥 말라붙은 아트홀 계단,
막 숨 끊어진 바람이 몰래 점찍고 간
얼렁뚱땅 좌표를 찾아냈다

처음 만져보는 하늘은 젖은 흙을 품고
미끄럼틀 타고 노는 예민한 가을은
그때 떠올랐다

눈이 동그래졌다
눈이 동그래졌다

아름다운 혼란의 순간
얼마나 누릴 수 있을까
흰머리 쑥쑥 들여다보이는 나
여러 색깔 입혀주는 가파른 계단 내려가면

손발 오그라들며 견디고 지켜온
숱한 사연은 무심히 흐른다.

촉감

내 엉덩이가 닿은 순간
머리 주뼛 선 잔디 돌아누웠다

깔고 앉아
온전히 품어본 적 없는 잡초를
땡볕 아래 감싸 안은 모양이
머잖아 늙어지고 누추해질 징후인가

가깝지만 먼 사이
손잡고 안기고 애교 부리는 막내와
빗장 풀린 맨얼굴로
포도송이처럼 영글었던 추억 속으로

아들이 온전한 형태로 닮아 오듯
풀과 나눈 침묵의 어울림도 닮아
찌릿찌릿

>

왜 없을까
낯선 것을 거부한 절망스런 과거
비명소리 눈감아 주는
잔디 품에 눕는다.

철쭉

붉은 입술 호스티스는
광대처럼 다시 왔다
꽁꽁 언
겨울 강江 건너온
수줍은 젖가슴은
화려한 브라를 열고
명치 끝
혈관의 피를 끌어올리며
나, 오라는가
청풍호를 따라 한발 한발
연인으로 빠져들고 있다

3

비밀의 기원

누군가에게 보내는 편지

뭉툭한 의자 모서리가 언젠가부터 주름살같이 닳고 닳았으나

며칠 동안 거칠고 진한 술맛에 젖었다 머릿속을 텅 비우고 깨어난 새벽

햇빛은 장맛비 그친 아침의 일사량을 높이고 생체 정보를 훑어간다.

빙하기를 지난 맑은 날은, 가고 싶어도 못 가는 여행의 채비를 하여도 좋을 진데

난 하늘로 솟은 높직한 장대에 눈目끝을 세워 낯선 곳의 그리움에 빠져들고 있다.

가끔 우는 민들레

누군가 힐끗 눈 흘기면
골목의 빈자리 찾아다니고
누군가 뒤통수를 때리면
자다가도 오줌을 질기고
엄마를 떠올리면
지워도 지워지지 않는 아픔이 되고
날이 가고 달이 가면
울음 털어내는 꽃이 되는
민들레
우거진 풀숲에 숨어
얼굴 헹구고 있다.

달맞이꽃

자줏빛 달맞이꽃은
스스로를 발가벗긴 하늘 품에 가장 빛난 작은 별이 되어
나타난 딸 같은 애인이다
나이 먹고 철이 들고 붉은 피가 익어버려
몸이 간지럽다
밤이슬 먹고 깨알같이 써 내린 인생이 벗어 놓은
애인 같은 딸, 홀로 아름답다

금기의 선율

카페 테라스 창으로 속눈썹 같은 초승달 들어
와 떠들고 있다
손닿지 않을 곳에 놓였던 교감, 나도 모르게 눈
길이 간다
괜한 구설에 휘말릴까 살얼음 걷듯 몸 사리기
를 하면 체온이 올라
보랏빛 넥타이에 삭아든다
그냥 같이 있어서 촛불의 희망이 된 중성의 물,
맑은 소리가 난다

고백

나뭇가지의 눈꽃은
왜
가슴 떨리는 노래가 되지 않았을까

깃털처럼 가벼운 아침
녹아버릴지 모를 눈덩이를 뭉쳐서 던졌다

눈발 아래
잊지 않을 그 사람이 녹아 버릴 것 같아
그것도 엉겁결에 던져버렸다

사랑을 꿈꾸는 길

유효기한 앞에서
나무는 뿌리에 힘주어 발버둥치고 있다

거짓말

1

우기雨期의 비는
삶의 먹이가 되는 나무와 열매를 키우지만
벌레 파먹은 잎사귀 그 눈꺼풀은 말랐다

거짓말처럼
거짓말처럼.

2

때로 나는
비가 오면 흔적을 감추느라
어두운 밤하늘 가물거리는 별빛 같은
말들을 해댔다

입이 간질거려 입술이 말려 들어가는
앞길 꼬는 생내세에서.

습지보호구역

진흙 바닥
쓸모없는 잡풀 무성한 습지를 쫓기듯 뛰어다니는 새들의 울음소리에 넋 놓으면 달의 여신이 축배의 노래를 부르며 밀어 속삭이는 강변

슬금슬금 붉은 물오르고 있다
발을 잘못 디뎌 그녀의 치마 구멍 사이 흘러내린 모래알 속 보따리에 빠져들고 모든 울음 모든 소리에 손끝 질감이 되살아 경계의 거리를 좁히고 있다

개펄 둔덕
얕은 물이 괴어 있는 곳, 이 땅에서 나고 이 땅에서 죽는 쓸모없는 것들에게 내 밥그릇 쏟아 붓고 싶다.

드로잉素描

우리 허물없는 이야기를 나누는 친구가 됐다
색깔을 의심하지 않아도 되는 눈을 동그랗게 뜨고
어마어마한 외로움을 의심하지 않아도 되는 이성과 감성
양면의 균형을 잡아가고 있다

시장 입구,
한 평 남짓의 오뎅 가게엔 사기 당해 빚에 시달린
여자의 발밑으로 절대 비밀로 숨겼던 은빛 언어들이
길 위에 뿌려졌다

비닐 천막 꼭대기의 전등 하나가 치우침 없이
그녀를 떠받치고 있어 우리는 함께 균형을 맞춰가고 있다
홀로 서 있나고 착각에 빠져는다

비밀의 기원

동짓날 기나긴 밤
균형 무너진 운동화 밑창의 발자국은
사람들 그 뒤에 있었다
끼닛거리가 없어 가난한 것도
그렇다고 돈이 많고 힘이 센 것도 아닌 내가
이방인으로 머리 쥐어짜며 공들였던
비밀의 기원은
앙상한 가지 끝 매달린 작은 물방울 속에
담겨있는 또 하나의 세상이다
비단실처럼 풀려 나오는 다음날의 시간
나 말고 멈춰선 사람이 없다
나란히 우산을 쓰고 걸었던 신음도
자고 나면 눈을 감은 채 따라 나선다
다행히 쥐덫에 걸려든 내일은 어찌되건
강제 은퇴 면한 모서리 깨어진 돌에
파란 이끼가 피고 있다
잎을 다 떨군 겨울나무에
아주 느리게 물방울을 맺히고 있다

찬 서리가 내린 꽂이 아름답다

능글맞은 내 나이는 찬 서리가 내린 꽃이 아름답다.

구멍 난 팬티에 묻어온 햇볕 쬐며 기억 가뭇해진 땅끝 너머로 곰삭아버린 새우 젓갈이 재킷 안을 파고들고 인생 출구는 쪼그라들고 체감기온 떨어지고.

커피향기에 언 몸 녹일 때 미온의 욕실 수증기처럼 삶의 연결고리는 미약하고 흔해 빠진 자갈길 같았지만, 올려 본 길의 가느다란 나무들이 어느새 아름드리로 자라나 있으니 말이다.

촌스럽고 시들은 꽃 하나와 동병상련同病相憐의 기도로 꿈꾸는 내 나이는 찬 서리가 내린 꽃이 아름답다.

비

다리도 못 펴는
갈라진 아스팔트 틈 비집고 올라온 잡풀의 꿈은
오로지 생존의 선상에서 벗어나는 일이다

솜털 하나 없이 앙상한 줄기만 남아
바람에 시리도록 맞선다
흔들리지 않은 것도 아니다

울컥하는 감정을 추스르고
흘러온 이야기는 절절할 것인데
여름 문턱 다다른 온도의 변화에 목이 마르다

거꾸로 박힌 말도 많아졌다
혈액의 점성이 높아지는
더 그리운 비, 비.

등대

천 개의 불빛 위에
떠오르는 여명

품어낸 상서로운 울림들
언제 마지막으로 바라보았던가?

허상에 눈멀어
어쩌면 태양의 먼 기억을 끊임없이
부정했을지도 모른다

맞춤이 틀린 보도블록처럼
풀리지 않는 갈래 길,

무인등대에서
두 손 모아 가슴 앞에 들어올린
어두워지지 않는 붉은빛으로
북받치고 있다.

손수건

다 망가진 손수건은 골목길 꽃밭이다
비밀의 화원이다

황폐해진 눈앞 얼룩을 닦아내는 새의 깃털처럼
아주 어릴 적부터 세상의 힘듦
병약한 울림 풀어내는 헤아림의 꽃,

나의 꽃밭을 들여다보고 있으면
너의 슬픔이 느껴지고
고개 들지 못하는 아련한 시간 속으로
말문 터주며 마음 꿰뚫는 숨 쉬는 화원이다

망가진 손수건은
살짝 취해 들어온 고통 품는 시어詩語들이다

추억의 깊이에 빠져든 골목길 꽃밭은
더 깊은 겨울을 난다.

백조의 언어

버는 돈이 적더라도
눈물의 짠맛보단 캔맥주 하나
웃으며 마셔주고 싶다
구름 한 점 없는
하늘 저편의 백조가 되어
뱃길 열어주는 촛불이고 싶다

손에 든 쇼핑백이
마른 이파리처럼 오그라들어
구멍이 숭숭 뚫려도
흑백사진 녹이는 설탕이고 싶다
퉁퉁 부은 발가락의 아픔을 묻고
홀로 빳빳하게 일어서는
철근 같은 마음의 언어

누구도 함부로 할 수 없는
가장 사람다운 사람의 언어
겨울의 발자국으로 새기고 싶다

파리

떨어진 낙엽의 일상을 난도질한 가로수 아래
주둥이 터진 감홍시에 파리 한 마리 달라붙었다

링거 수액으로 떨어지는 빗속에 냉기 앓으며
파리 한 마리 날아온 시간

손아귀를 빠져나가 북을 치며, 풀밭을 행진하고
길 건너 건물의 유리벽에 붙어버렸다

연탄불의 따스함을 느끼면
빗물은 땅의 맨살을 헤집어 몸속 깊이 스며들고

주둥이 터진 감홍시에
수도 없는 파리가 달라붙어 희미하고 엷은 목
소리 흘리는
엿 같은 날

인생의 시간도 짧아지고 있다.

훔쳐보는 중

입이 간지러워

벽면
나사못 몇 개 풀고
합판에 구멍 뚫고

눈을 떠 보니

굳은 땅에
박혀 있던
서른 살 난蘭 한 촉

엷은 실루엣, 저고리 풀고 있으니

운수 좋고
재주 좋은 빈곤의 친구들
밀어 올리는 여자 숨소리

흥미가 진진하다.

4

아버지라는 별명

흉터

손도 못 쓰는 삶의 묵은 흉터
날아가는 바람처럼 거들떠보지 않는 시련이다
바람 끊이지 않던 작은 알갱이들의 낙서처럼
목숨 걸어 지키려 했던 비밀스런 자국이다
세월 저편, 우스꽝스러운 축복이다

똑똑한 바보

마돈나처럼 가슴 예쁜 여사 낚고 있나. 삶이 공허할 거라 생각하지만 이런 때는 핏줄 돋는 생존 전략으로 돌입한다. 대외용과 사생활용으로 나누면서 코맹맹이 소리 절로 나온다. 아메리카노와 에스프레소 같은 진한 커피 향에 딸기우유 같은 맛, 바람도 맛이 난다.

바람을 고스란히 맞고 서 있었다. 조건이 맞아떨어지기란 어렵지만, 서로가 눈높이를 한 발짝씩 낮추면 어디서부터 시작할지는 허공 가득 채워지기 마련이다. 시계는 계속 돌아가고 있는 중이다. 내가 바라보고 있는 작은 것에 주문을 외우기도 한다.

동전의 양면, 여자의 내심이 궁금하다.

인류의 역사를 참혹하게 만든 계산착오. 짧은 생각이 만든 나의 실수, 위험은 바로 이것이다.

오늘처럼.

빨간 목도리

벌레도 숨는
고장 난 수도꼭지가 헛바퀴를 도는 것처럼 가을 속 맴돌고 있다

말하지 않아도
이불자락 끌어당기듯 붙잡는 빨간 목도리

돌아서 가면
텅 빈 속 드러낸 고목이 야릇한 표정으로 다시 부르는 가을

지구보다 큰 질량의 그리움은 무겁다

비늘

가뭄 이겨낸 붕어 비늘이
나무껍질로 굳었다

눈물 그렁그렁한
낯선 그대는 삶이 고달팠던가?

비겁한 침묵에서
깨어나지 않고 입 다물고
고원의 하늘산장에 드러누웠는가?

삶과 죽음, 두 갈래로 벌어진
모서리 넓은 창窓으로
첩첩이 이어진 바람 소리 물소리
생태의 사슬인데

제비꽃처럼 피어나
져버린 비늘 하나
나를 끌어당긴다.

아버지라는 별명

사막을 걷는다

소리 없이 삭풍에 흔들리는
칼끝의 숨,

슬픈 줄 모르고
아픈 줄 모르고
모래알의 먼지까지 털면서

돈이 되는 건
다 거머쥐어야 하는
아버지라는 별명

돌고
돌고 돌아서
심장 뛰는 숨겨진 소리도
없앤

아버지라는 별명
참았던 숨마저 몰아쉬었다

어그러진 일상

사타구니에
이불 돌돌 감고
바람결 둥둥 떠다니는
잠자는 소가 됐다
구멍 난 양말
비집은
발톱이 긁어대는
어그러진 일상은
노을 붉게 물들 무렵
은사시나무 끝으로
단맛이 든다.

사랑이별의 역설

사랑은
한 발 앞서가면
또 한 발이 빠져들었다

붉은 페인트로
비뚤비뚤 갈겨 쓴
봄 · 여름의 별자리

두꺼운 얼음장 밑에서
얼고 녹기를 반복하는
꿀렁거리는 물소리다

앞서간 마음
닿지 않는 별의 흔적처럼
가는 길
몇 겹의 피로가 쌓이면

>

이별은
불닭볶음이다
앓다 죽다
튀밥처럼 터져 나오는
꽃씨들이다

이름 쓰이는
길 위의 무명 꽃들
유난히
철이 없어 그랬던가?

추억하고 싶은 너에게

암초에 부딪힌 물살의 소리가 우리 숨 쉬는 모든 곳에 찾아오면 석양은 한없이 평화롭겠지.

보이지 않는 것은 보이지 않게 존재하여 눈을 감고 묻는다. 잊고 있을 뿐, 단 한 사람 있었으면 좋겠다.

새벽 기차를 타고 엷은 흥분 속에 너 있는 곳으로 다가갈 수 있었으면 좋겠다.

너는 한때 이슬이 햇살에 녹아드는 그 흔적은 부끄럽다. 그리 말했지.

부끄러운 흔적, 그 추억을 나는 말할 수 있었으면 좋다.

해외 도피

닭 우는 뙤약볕 아래
뿔 큰 소가
구정물에 몸 빠졌다

하나 둘씩 엮어버린
하늘의 별
구정물에 빠져 허우적거리면

침묵하지 않는 순간은
먹먹하다
알몸으로 기어서라도
짐을 내려놓아야 할 때다

바람 이긴 열이
콧잔등에 부딪히는 그곳으로
떠나는 것이다

구름 밟듯
기억은 닳고 탈색된다.

화해

끙끙대며
쓰러질 정도로 힘들어하는
붉은 거북의
심장이 쿵쾅쿵쾅
뛰었다
등허리 휘갈기며
떨어지는
소금
깊이가 각인돼
일그러진 수면 위로
쑥쑥 흘러온
세월은
스르르 풀리는
햇살처럼
눈 하나 깜짝하지 않고
칼바람 무너뜨리는
그 틈으로
끼어들었다

아직도 그 자리에 있을까

꽃비가 흩뿌리고
장맛비 흩뿌려서
허물어지지 않았을까

금호강 둑길 아래
혼魂이 흐르는 허름한 골목 집
우리들의 빈 창고 방房
아직도 그 자리에 있을까

밤 서리 맞아 떨어진 꽃처럼
짝 잃고 혼자 남아
귀 터지도록 아픈 비밀의 눈물
흘린

꽃들의 꽃잔등에는
한 번도 잊은 적 없는 겨울
더듬더듬 잃어버린 말들이 돌아와
숨죽이는 나를 보았다

갇혀 있던 혼魂이 흐른다

소멸, 끝으로

울음 꺼져가는 가을

서촌西村의 문간방
세 들어 살 때는
서러운 일 서글픈 일
보이지 않는 절망까지
얽히고설키곤 했다

우주로 떠난 별들이
종종 네모난 창으로
호 입김 불어오면
손끝이 시리다

가난은 새끼고양이처럼
버리고 싶다가 다시 보듬게 되듯
시린 손 호 불며 문간방 골바람
아프게 새겨진 기억

소멸의 모습 보이고 있다.

껌

껌은
단물 빼먹고 버려야 되는 것이다

껌은
어금니 부러진 아픔으로
노동자의 서글픔으로
뒷담화로

질겅질겅 씹혀가며
검은 아스팔트 거리의
껌 딱지로 버려져야 하는 것이다

죽음 앞에서
침을 잔뜩 머금은 꽃으로 피었다
미지의 도형이 되었다
단물 빠진 껌은
또 무엇으로 변해갈 것인가

껌은
단물 빼먹고 버려야 되는 것인가.

찬밥

요즘엔 어딜 가나
쫓겨나고 밀려나는 일이 흔해서
내 몫의 삶을 끌어안기 힘들다

오후 햇살은 붉은 빛을 뽐내고
별다를 것 없는 좁고 천한 이마
수분 빠진 목덜미가 비루하다

의자 등받이에 걸린
통 넓은 청바지처럼
얼마라도 호강하고 살았으면
웃는 일 적어도 찡그리는 일
더 배고픈 퇴보는 없었으면

울고불고 소리 질러도
한 발 한 발의 새벽이 멀다
거들떠보지 않는 밥 덩어리

>

찬물에 말아 후루룩 후루룩
그리될 것을.

몸무게

사랑의 기억이란
몸무게가 1그램이라도 될까

황어 떼 비상하듯
꿈꾸기 시작한 것

숨이 막힐 것 같은
탐스럽고 무성한 꽃가루
가슴 품으로 묻어와

그린 듯 빚은 듯
질량을 알 수 없는
망각에 선다

사랑의 풀뿌리
솜털 같은 이름을 붙이며
추억할 수 없는 무게

>

커졌나

작아졌나

다시 되짚어본다

■ 해설

무채색 풍경의 재해석

서종택

□ 해설

무채색 풍경의 재해석

서 종 택 | 시인

<1>

나는 이미 문단에서 이선으로 물러난 지 이십 년이나 된 사람이다. 한때 오랫동안 많은 책을 읽었지만 지금은 뭐 다 잊어버렸다. 그러나 이렇게 공부하고 또 잊어버린 것이 나의 견처見處라면 견처라고 말해도 좋을 것이다.

이런 나의 견처를 가지고 김강석 시인의 시집을 읽어본다.

나에게 주어진 것은 오로지 시집뿐이므로 시집 속에서 시인의 내면에서부터 사회적 맥락까지 다 읽어내야 한다. 그러기 위해서는 시를 여러 번 읽어야 한다. 뭔가 감이 잡힐 때까지 읽고 그래서 할 말이 생길 때까지 읽는다.

시를 썼다는 사실은 어떤 의미에서 시인에게 후회가, 그리움이, 더 고통스럽게는 회한이 있었다는 말일 수도 있다. 말은 자신에게 부족한 것을 애타하는 데에서 나온다. 말은 모자라는 데서 나온다. 이런 모자라는 경계에서 글이 나오고 시가 나온다. 이런 모자라는 경계에서 아픈 추억이 나오고 그리움이 나오고 사무치는 마음이 생긴다. 시인은 누구나 자기 마음에 사무친 것을 시로 쓴다.

한 편의 시를 읽어보면 언뜻 보기엔 쉽게 이해할 수 있을 것 같다. 그렇지만 실제로는 읽어보면 아득해서 아무것도 이해할 수 없는 경우도 많다. 한눈에 쓱 읽어보고 음, 그렇군, 하고 모두 이해했다고 생각하지만 실제로는 아무것도 이해하지 못하는 경우도 많다.

세상에 간단한 일이란 없다. 시도 역시 그렇게 쉽지 않다. 모두 화두라고 생각해도 좋을 것이다. 이제

부터 그의 시를 좀 더 구체적으로 읽어보자.

<2>

시에도 주제라는 것이 있다. 주제란 것은 실존적 물음을 말한다. 그런 물음은 결국 특정한 단어를 통해 표현된다. 따라서 우리는 우선 김강석 시인의 시집에 등장하는 단어들에 대해 검토해볼 필요가 있다.

시 제목을 일별하면 다음과 같은 제목들이 눈에 띈다.

<도망>, <미친 물고기>, <말라버린 새똥은 지워지지 않는다>, <비상등>, <벼랑>, <집행유예>, <시시한 것들>, <금기의 선율>, <비밀의 기원>, <흉터>, <어그러진 일상>, <해외 도피>, <소멸, 끝으로>, <껌>, <찬밥>.

어떤가? 전체적으로 비슷한 분위기 같은 것이 느껴지지 않는가? 그렇다. 이 시들은 모두 아픈 추억이거나 고난에 대한 해석이다. 나머지 시들도 제목은 중립적이지만 읽어보면 내용은 역시 아픈 추억이거나 고난에 대한 해석이라고 말할 수 있다.

우리는 인생을 흔히 수심화열水深火熱, 즉 고난이라

고 말한다. 이제 막 불의 열기에서 빠져나오면 바로 깊은 물에 빠지는 형국인데, 이는 우리가 모두 거쳐야 하는 과정이라 사람이 마음대로 어떻게 할 수 있는 일은 아니다.

또 후회만 하더라도 그렇다. 사람이 어떻게 잘못을 저지르지 않을 수 있겠는가. 살면서 죽을 때까지 우리는 계속해서 잘못을 저지르기 마련이다. 뜻대로 되지 않는 것이 세상이다. 비록 하려고 노력하지만 뜻대로 되지 않는 것이 인생이다. 세상에 빛이 있다면, 또 만물에는 반드시 그늘이 있는 것이 자연의 이치라고 할 수 있다. 우리가 사는 이 세상에서는 어떤 사람의 인생도 원만하지 못하고, 결함이 있다.

그래서 그늘을 말하는 자가 진정으로 말하는 자라고 말하는 것이다.

그런 점에서 김강석 시인의 시는 그늘을 말하는 진정성을 얻는다. 우리는 이런 김강석의 시 세계를 '무채색의 풍경'이라고 불러도 좋을 것이다.

김강석 시인이 그려내는 무채색 풍경으로 직접 들어가 보자. 이것은 일종의 생각에 잠겨 천천히 걷는 배회와도 같은 것이다. 이 발걸음에 의해 그의 무채색 풍경도 어느 정도 윤곽을 드러내고, 깊은 위로를 받게 될 것이다.

수면 아래 자맥질하는
어머니 눈빛

작두날처럼 섬뜩한 눈물,
보일락 말락

석회암 동굴
종유석이 풀어내는 천년 한恨이었나?

–「보일락 말락」

마르케스는 자신의 소설이 항상 하나의 이미지 혹은 한 가지 진실이 담긴 화면에서 시작된다고 밝힌 바 있다. <보일락 말락>의 경우, 그 하나의 이미지는 어머니 눈물이다. 그 눈물의 진실은 작두날처럼 섬뜩한 눈물인데, 그게 보일락 말락 하다는 말이 묘미가 있다.

'수면 아래 자맥질하는 / 어머니 눈빛' 과 '작두날처럼 섬뜩한 눈물, / 보일락 말락' 이란, 아마도 어머니가 숨어서 우는 것일 수도 있고, 시인이 눈물의 사연을 보일락 말락 감춘다는 뜻일 수도 있겠다. 특히 '작두날처럼 섬뜩한 눈물'이라는 구절에 와서는 걸음을 멈추고 오래 생각에 잠기게 한다. 작두날처럼 날카로운 시인의 감수성에 가슴이 아린다. 아마도 어린 시절의 김강석 시인을 키운 건 팔 할이 어머니의 눈물일지도 모르겠다.

우리는 이 시가 무엇을 말했는가 하는 것뿐 아니라, 무엇을 말하기를 삼갔는가 하는 것도 헤아려 봐야 한다. 시도 보일 듯 말 듯한 것이 좋지, 인생의 내막을 더 열어젖혀서 남김없이 봐 버리고 나면 조금도 예술적이지 않을 것이다. 시는 모름지기 함축이 귀중하다. 말은 몇 마디 안 되지만 그 감춘 정과 뜻은 깊이가 있다.

> 누군가 힐끗 눈 흘기면
> 골목의 빈자리 찾아다니고
> 누군가 뒤통수를 때리면
> 자다가도 오줌을 질기고
> 엄마를 떠올리면

지워도 지워지지 않는 아픔이 되고
날이 가고 달이가면
울음 털어내는 꽃이 되는
민들레
우거진 풀숲에 숨어
얼굴 행구고 있다.

–「가끔 우는 민들레」

욕辱이라는 글자는 우리가 남으로부터 받는 모욕을 말한다. 그러나 뜻을 좀 넓히면 자기 생각대로 되지 않는 일체의 것, 즉 자신이 당하는 일체의 고통을 '욕'이라고 말할 수 있다. 이 시는 김강석 시인이 어린 시절 '욕'을 당할 때 엄마를 떠올리며 고통스러웠던 경험을 풀어놓았다.

우리가 살아가면서 입은 상처들 가운데 어떤 상처는 곪지도 않고 평생 피를 흘린다. 누구나 어린 시절에는 겁이 많기 때문에 두려운 것이 많은 줄 안다. 시인의 어린 영혼은 현실에서 '욕'을 당할 때 어머니가 괴로워하는 것까지 스스로 느끼고는 두 배로 아파하는 것이다.

우리 삶에서 어머니가 차지하는 역할은 우리로 하여금 다른 사람과 사귀는 법을 배우도록 만들어주는 것이다. 우리는 상대를 편안하게 만들고 마음의 상처를 치유하는 능력을 어머니에게 배운다. 어머니와 바람직한 관계를 경험하지 못한 사람은 친밀한 인간관계를 형성하는 데 어려움을 겪을 가능성이 많다.

그런 점에서 김강석 시인의 대인 관계도 어머니가 깔아놓은 배선 위를 달리는 것이다.

'누군가 힐끗 눈 흘기면 / 골목의 빈자리 찾아다니고 / 누군가 뒤통수를 때리면 / 자다가도 오줌을 질기'는 여린 마음도 실은 그의 어머니로부터 배운 것일 것이다. 그런데 시인은 한 걸음 더 나아가서 '엄마를 떠올리면 / 지워도 지워지지 않는 아픔이 되'는 이중의 상처에 대해서 말한다. 데리다가 말했듯이 예술의 가치는 인간의 비밀스런 내면을 표현하는 데 있다고 말할 수도 있다. 그런 점에서 <가끔 우는 민들레>는 어린 시절의 비밀스런 내면을 표현했다는 점에서 가치가 있다.

또한 득의의 일이 적고 실의의 일이 많으면, 그 사람은 난처한 일을 제거하려고 여러 가지 궁리를 하므로 지혜나 사리분별이 증가한다. 역설적으로 행복이라 할 만하다. 시인의 어린 시절에 겪은 실의의 일은 그에게 지혜와 사리분별을 가져다주었을 뿐 아니라, 이렇게 시의 원천이 되었으니 사람의 일이란 참으로 눈에 보이는 것이 다가 아닌 줄 다시 한 번 알게 된다.

꽃비가 흩뿌리고
장맛비 흩뿌려서
허물어지지 않았을까

금호강 둑길 아래
혼魂이 흐르는 허름한 골목 집
우리들의 빈 창고 방房
아직도 그 자리에 있을까

밤 서리 맞아 떨어진 꽃처럼
짝 잃고 혼자 남아
귀 터지도록 아픈 비밀의 눈물
흘린

꽃들의 콧잔등에는
한 번도 잊은 적 없는 겨울
더듬디듬 잃어버린 말들이 돌아와
숨죽이는 나를 보았다

갇혀 있던 혼魂이 흐른다

—「아직도 그 자리에 있을까」

우리가 한세상 살아갈 때 자신만의 고유한 세계에서 살아가는데, 그 세계는 어린 시절에 형성되어 살아가는 동안에 진화한다고 볼 수 있다. 어린 시절에도 아득한 과거의 원초적 충동이 있고, 이 충동에는 진화과정에서 일어난 온갖 사건들과 먼 옛날에 먹이를 놓고 벌어졌던 목숨을 건 투쟁들이 반영돼 있다.

원래 위대한 사상이나 종교는 한랭화의 시기에 발생한 것이 많다. 먹을 것을 구할 수 없고, 죽음과 마주하는 것은 인간을 깊은 사색에 빠지게 한다. 살아가기가 힘들다고 생각할 때 사람은 생각이 깊어지고 철이 드는 법이다.

김강석 시인은 어린 시절의 허물어질 것 같은 창

고 방의 허름한 풍경을 회상한다.

그 방은 '밤 서리 맞아 떨어진 꽃처럼 / 짝 잃고 혼자 남아 / 귀 터지도록 아픈 비밀의 눈물 / 흘린' 방이지만, 동시에 생각이 한층 더 깊어지고 철이 들던 방이라 한 번씩 그리워지는 것이다. 그렇게 시를 통해 다시 생각해낼 때 비로소 '한 번도 잊은 적 없는 겨울 / 더듬더듬 잃어버린 말들이 돌아와'서 '갇혀 있던 혼'이 다시 흐르는 것이다. 그것은 시의 힘이다.

사막을 걷는다

소리 없이 삭풍에 흔들리는
칼끝의 숨,

슬픈 줄 모르고
아픈 줄 모르고
모래알의 먼지까지 털면서

돈이 되는 건
다 거머쥐어야 하는
아버지라는 별명

돌고
돌고 돌아서
심장 뛰는 숨겨진 소리도
없앤

아버지라는 별명
참았던 숨마저 몰아쉬었다

—「아버지라는 별명」

≪역경易經≫, 태괘泰卦에 무평불피無平不陂라는 말이 있다.

비탈 없는 평지는 없다는 말이다. 이 네 글자에 인생사가 다 담겨 있다. 살아가는 일이 평탄한 것처럼 보여도 우여곡절이 없는 삶은 없다.

사람이 평지만 봐서는 안 된다. 인생의 비탈도 볼 줄 알아야 한다.

이 시에는 시인의 비탈을 보는 시선이 담겨 있다. 이 시에도 그의 시가 대개 그렇듯 줄서리는 없다. 스냅 사진처럼 단편적인 사진이 몇 장 있을 뿐이지만 분위기는 충분히 잘 드러나 있다.

그의 삶이 평탄한 듯 보여도 '소리 없이 삭풍에 흔들리는 / 칼끝의 숨'과 같은 헐떡임이 있다. '슬픈 줄 모르고 / 아픈 줄 모르고', '아버지라는 별명 / 참았던 숨마저 몰아쉬'어야 할 만큼 거친 숨을 보여준다. 그가 이렇게 거친 숨을 몰아쉬는 이유는 오직 하나, 그것은 가족을 위해서이다. '돈이 되는 건 / 다 거머쥐어야 하는 / 아버지라는 별명' 이 한 마디에 가족 사랑이 애절하게 묻어난다.

우리나라 시에는 돈 이야기가 거의 나오지 않는다.

시인이 돈 이야기를 하면 어쩐지 후져 보인다는 생각을 먼저 하기 때문이다. 김강석 시인은 그 후져 보이는 돈 이야기를 이 시에다 풀어놓았다.

옛날부터 아내는 감옥이요 자식은 족쇄라는 말이 있다. 가장은 돈을 벌기 위해 힘든 일, 떠올리고 싶지 않은 일도 참고 견딘다는 사실을 세상 사람들이 알아주어야 한다고 말하고 싶은 것일까. 누가 어떤 일을 맡고 있든지 그 사람이 아버지로서 하는 일은 세상에서 가장 어렵고도 가치 있는 일이라는 것을 기억하게 해준다.

이 시의 경계는 일체 중생이 가지는 고뇌의 경계

이다.

보통 사람의 경계라는 것은 번뇌 아니면 질병이다. 우리가 살면서 겪는 고뇌의 경계는 하루도 없는 날이 없다.

그러나 이 시에는 또 하나의 경계가 숨어 있다. 즉, 가족을 위해 '돈이 되는 건 다 거머쥐어야 하는' 자신을 쓸쓸하게 바라보는 시인의 경계가 행간에 묻어 있다. 어쩌면 시인은 이 시를 통해 자신의 마음의 평정을 얻으려는 것인지도 모른다. 아마도 그는 이 시를 통해 마음의 평안을 얻었을 것이다. 시에는 그런 정화 작용이 있다. 바로 그 지점이 시인이 시를 쓰는 지점이고, 우리가 시를 읽는 지점이다.

> 벌레도 숨는
> 고장 난 수도꼭지가 헛바퀴를 도는 것처럼 가을 속 맴돌고 있다
>
> 말하지 않아도
> 이불자락 끌어당기듯 붙잡는 빨간 목도리

돌아서 가면

텅 빈 속 드러낸 고목이 야릇한 표정으로 다시 부르는 가을

지구보다 큰 질량의 그리움은 무겁다

－「빨간 목도리」

우리의 생활은 일종의 고정된 상수와 같아서 이것을 가볍게 여기면 저것을 무겁게 여기고, 저것이 많으면 이것은 적어서 평형을 이루기 마련이다.

행복과 불행은 개인의 감각이지 객관적인 것은 아니다.

김강석 시인의 시에 아픈 추억과 고난에 대한 해석만 있는 것은 물론 아니다. '벌레도 숨는 / 고장 난 수도꼭지가 헛바퀴를 도는 것처럼 가을 속 맴'도는 시인의 가을에 어느 날, '말하지 않아도 / 이불자락 끌어당기듯 붙잡는 빨간 목도리'의 여인이 등장한다. 아픈 추억이 많았기에 빨간 목도리의 그리움은 '지구보다 큰 질량'을 갖는다.

인간 사이의 정은 세상의 법도를 초월한다. 흔히

사소한 일도 전체에 영향을 미친다는 뜻으로 머리털 한 오라기를 당겨 온몸이 움직인다고 하는 것이다. 어쩌면 나를 붙잡은 여인의 손길에서 시인은 영원히 헤어나지 못할지도 모른다. 이 짤막한 이야기가 끼어 듦으로써 그의 시는 더욱 풍부해지고 우리의 발걸음은 다시 한 번 늦춰지는 것이다.

모든 철학은 첫 키스로 시작된다는 말이 있다.

빨간 목도리가 등장함으로써 시인은 자신의 철학과 연애시를 갖게 된다.

> 나뭇가지의 눈꽃은
> 왜
> 가슴 떨리는 노래가 되지 않았을까
>
> 깃털처럼 가벼운 아침
> 녹아버릴지 모를 눈덩이를 뭉쳐서 던졌다
>
> 눈발아래
> 잊지 않을 그 사람이 녹아 버릴 것 같아
> 그것도 헝겁결에 던져버렸다

사랑을 꿈꾸는 길

유효기한 앞에서
나무는 뿌리에 힘주어 발버둥치고 있다

—「고백」

독백과 대화, 그리고 기도가 문학의 본령이라고 말한 사람은 하인리히 뵐이다.

고백이나 참회는 간단하게 인간의 심리를 사로잡는다. 우리는 그것을 배우지 않아도 다 안다. 김강석 시인의 <고백>은 이루지 못한 사랑이다. 그 사랑은 우리의 눈길을 사로잡는다.

먼저 시인은 '나뭇가지의 눈꽃은 / 왜 / 가슴 떨리는 노래가 되지 않았을까'라고 스스로 묻는다. 그리고 스스로 답한다. 노래가 되지 못한 것은 그가 눈덩이를 뭉쳐서 던져버렸기 때문이다. '눈발 아래 / 잊지 않을 그 사람이 녹아 버릴 것 같아 / 그것도 엉겁결에 던져버렸'기 때문이다.

아뿔싸, 왜 그는 엉겁결에 사랑을 던져버렸을까.

실연을 당하거나 슬픈 일을 겪으면 우리는 왠지 척박하거나 추운 곳으로 여행을 떠나고 싶어지기도

한다. 마찬가지로 그도 역시 차가운 눈덩이를 엉겁결에 던져버리는 행위에 자신의 심정을 투영하여 카타르시스를 얻으려 하지 않았을까.

눈덩이를 뭉쳐서 엉겁결에 던져버리는 것은 사랑이다.

뿌리에 힘을 주어 발버둥치는 것도 사랑이다. 사랑을 꿈꾸는 길, 그것은 인간을 인간이게 만드는 시도이다. 새로운 체험, 새로운 욕망, 새로운 맛을 향한 탐험의 욕구는 결국 경계를 확장하는 원동력이 된다. 그렇게 해서 얻게 되는 이 맛을 사는 맛이라고 해도 좋을 것이다.

존재해야 하는 것의 결핍을 환유하는 것이 욕망이라고 말한 사람은 줄리아 크리스테바이다. 이 시에서 시인이 존재해야 한다고 생각하는 것은 사랑이고, 그것은 정신적 일출과도 같이 찬란하다.

사랑을 꿈꾼다고 해서 세상살이에서 달라지는 것은 없을 것이다. 그러나 그 이후에는 우리가 사는 맛이 확 달라지는 것이다.

은빛 물살 희석되는

술상 아래
소주병이 줄을 서면
결머지고 가던
바람도 내려놓는다.

— 「낙조落照」

하나의 삽화에도 그 배후 및 내부에 깊은 의미가 담겨 있다. 우리의 삶 모든 순간순간이 귀하다. 이것을 알리는 것이 바로 시인이 해야 할 일이다. 덧없이 지나가 버리는 세상의 모든 순간과 사물들을 사람들에게 각인시켜 주는 것, 그것이 시인의 임무다.

시인은 이제 인생이란 포물선이라는 것을 깨닫기 시작하는 오십대의 중년이다. 이 시는 아마도 바닷가의 어느 식당에서 술을 마시며 저녁노을을 보고 느낀 감흥을 노래한 것이리라. 그냥 수더분한 평상심을 노래하고 있다.

바닷가를 아무 생각 없이 어정거리다가 술상을 받아놓고 낙조를 바라본다. 그러다가 문득 그날의 여행이 바로 이 낙조를 만나기 위한 여행이었다는 것을 깨닫는 것이다. 그 풍경에 시인은 마음 깊이 위로를 받는다. 그리고 무릎을 탁, 치면서 '걸머지고 가던 / 바람도 내려놓는다'고 술회하는 것이다.

임제臨濟선사는 평상무사平常無事라고 하였다.

이는 '본래무사'라고도 하고, '일 없음이 귀인이다'라고도 하는데, 이 무사無事가 바로 임제가 그토록 강조하는 평상심이다. 이 시의 수더분한 평상심이 예사롭지 않은 이유이다. 우리가 시를 쓰는 것도 결국 따지고 보면 마음의 안정을 구하는 것이다.

삶에는 여유가 필요하다. 여유가 곧 자유이고, 자유가 있어야 삶에 뜻이 생긴다.

이성과 지능은 얻는 것得에 치중하지만, 감성은 버리는 것捨에 더 치중한다. 이것은 버리는 것과 얻는 것의 변증법적 관계로, 버리는 것과 얻는 것이 조화를 이루면, 꼭 얻어야 할 것을 절대 놓치지 않는다는 것을 시인은 이미 간파하고 있다. 그래서 앞으로의 발전이 더 기대되는 부분이기도 한다.

그가 바쁜 저널리스트의 일이나 개인적인 생활에서 얻음에만 치중하지 말고, 버리고 내려놓을 줄도 알아서 삶의 깊은 맛을 시와 함께 누리기 바란다.

<3>

지금까지 김강석 시인의 시집을 읽고 생각나는 것을 말해 보았다.

열거한 내용이 많기는 한데, 뭔가 겉을 핥은 것 같은 느낌이 든다. 그러나 나의 해석은 임시적인 비계飛階에 지나지 않는다. 독자가 스스로 시를 읽게 되면 이 비계는 뜯어내 버려야 한다. 이제부터 김강석 시인의 '무채색 풍경'에 대한 재해석은 이 시집을 읽는 독자들의 몫이다.

나는 다시 김강석 시인의 무채색 풍경에서 빠져나와 전체를 한 번 조감해보려 한다.

그의 시집에 흐르는 아픈 추억과 고난은 무엇을 뜻하는 것일까. 우리가 주관적으로 정감을 느낀다는 것은 능히 들어갈 수 있다는 뜻이다. 또한 정감을 객관적으로 재음미한다는 것은 능히 나올 수 있다는 뜻이다.

시인은 시를 씀으로써 이미 아픈 추억과 고난을 객관적으로 재음미하고 고난의 경계에서 벗어났다고 말해도 좋을 것이다.

시는 본래 드러냄顯에 편중하는 것과 숨김隱에 편

중하는 두 종류가 있다. '드러냄'은 조잡하고 얕음으로 흐르기 쉽고, '숨김'은 내용이 뚜렷하지 않고 껄끄러운 데로 흐르기 쉬운 병폐가 있다.

김강석 시인의 시는 전체적으로 함축과 숨김이 곡진하여 깊은 맛을 준다. 다만 내용이 뚜렷하지 않아서 껄끄러운 곳으로 흐르지 않았는지 유념할 필요는 있다고 말해주고 싶다.

어떨 때는 서툰 글씨가 참 보기 좋을 때도 있다. 힘을 주어가며 열심히 눌러쓴 글씨에는 쓴 사람의 필력이 드러나기 때문이다. 그러다가 잘 쓰게 되면 이 손맛은 사라지게 된다. 김강석 시인의 시에는 아직도 그런 점에서 열심히 꾹꾹 눌러쓴 손맛을 느낄 수 있어서 좋았다. 그가 앞으로 시를 더 잘 쓰게 되더라도 이 손맛은 잃지 말았으면 좋겠다.

이제 더 힘들고 가파른 길이 그를 기다리고 있다. 매사 처음 시작할 때는 쉬워 보이지만 하다 보면 모두 어려워진다. 불법을 배운 지 일 년이면 부처가 눈앞에 있고, 이 년이면 대웅전에 있으며, 삼 년이면 서천西天에 있다는 속담이 있다. 배울수록 더 멀어진다는 거다.

부디 그가 초심을 잃지 않고 지금처럼 계속 정진하기 바란다.

이 시집은 그의 두 번째 시집이다.

단언컨대 그는 또 이렇게 한 차례 허물을 벗었다.

나는 그가 다시 허물을 한 번 더 벗고 나비가 되어 훨훨 날아다니는 모습을 보여줄 것이라고 기대한다.